Karalie und Paul

von Menschen und Spiegeln

Für meine Familie

Dank an Chris Stamey, dessen mitreißendes
Lied „Cara Lee" Pate stand für den Namen
der Protagonistin.

Karalie und Paul
von Menschen und Spiegeln

Susanne Annies

Bibliografische Information der Deutschen National-bibliothek:
Die Deutsche Nationalbibliothek verzeichnet diese Publikation in der Deutschen Nationalbibliografie; detaillierte bibliografische Daten sind im Internet über http://dnb.d-nb.de abrufbar.

Impressum

Umschlag &Satz:
unter Mitarbeit von Cornelia Andrös
Herstellung und Verlag:
BoD – Books on Demand, Norderstedt

2. Auflage 2022
Taschenbuch, 96 Seiten
ISBN: 9783755785682

Inhaltsverzeichnis

Liebe Leserin und lieber Leser!

Viel Vergnügen mit der Geschichte von Karalie und Paul!

Dass viele Menschen sich selbst und andere aufgrund ihres Aussehens negativ beurteilen, hat mich schon immer beschäftigt und besorgt. Ich hoffe, dass die Betroffenen eines Tages anders denken.

Deshalb habe ich in dieser zweiten Auflage des Büchleins ein kleines Training integriert, das helfen soll, besser über sich und andere zu denken und zu sprechen. Insofern ist diese Geschichte hoffentlich ein kleiner Beitrag dazu.

Im Dezember 2022, Dr. Susanne Annies

1. Von Menschen und Spiegeln

Es war einmal vor langen Jahren ein kleiner
Spiegel namens Paul. Paul war ungefähr so

groß wie Du, wenn Du
mit beiden Beinen fest
auf der Erde stehst. Er
hatte eine wuschelige
Goldumrahmung, die
seine Großmutter
Eulalie ihm zur Geburt geschenkt hatte.
Paul gehörte zur Familie der Königs- und
Königinnenspiegel. Viele seiner Vorfahren
hatten in Schlössern und Burgen gehangen.
Seine Großmutter Eulalie war beispielsweise

ein Ballsaalspiegel.
Sie wusste Ge
schichten zu er-
zählen, wie Prinzen
und Prinzessinnen

vor ihr getanzt hatten und heimlich
geschaut hatten, ob die Hochsteckfrisur
sitzt, der Pickel auf der Nase wuchs oder die
neue Hose im Po kniff. Auch erzählte seine
Großmutter gerne, wie sich vor ihrem
Spiegel der berühmte König Zarabar in die
bildhübsche Prinzessin Mara verliebte und

ihr mehrmals im Spiegel zublinzelte. Die beiden heirateten übrigens später. Großmutter Eulalies schwierige Eigenschaft war, dass sie alles und wirklich alles als ganz ganz „wunderbar" darstellte. Wenn sie von König Zarabar sprach, überschlug sich ihre Stimme mehrmals und sie kam nicht aus dem Staunen heraus. „Er ist so wunderbar, einfach wunderbar", murmelte sie dann mehrfach hintereinander.

Onkel Edwin, Pauls hochnäsiger und manchmal boshafter Verwandter, erzählte hingegen gerne, wie er als königlicher Reitstallspiegel mehrere edle Araberpferde erschrecken konnte. Seine Lieblings- geschichte war die, in der er den Hengst von König Zarabar so erschrak und hoch- springen ließ, dass König Zarabar mit einem großen Satz zu Boden fiel und staub-  bedeckt in der Reithalle saß. Onkel Edwin hielt sich beim Erzählen gerne die Seiten und schüttelte sich vor Lachen. Onkel

Edwins schwierige Eigenschaft war leider die, dass er allen etwas Schlechtes demonstrieren musste. Zu Onkel Edwins Glück durfte er trotzdem in der Reithalle hängen bleiben, auch wenn sein feurig glänzender Goldrahmen zur Strafe grün gestrichen wurde.

Aber kommen wir zu Paul zurück: Schon früh bemerkten Pauls Eltern, zwei fest installierte Ankleidespiegel im königlichen Schlafzimmer von Königin Mara und König Zarabar, dass ihr Sohn etwas Besonderes war. Paul war ein rollender kleiner Ankleidespiegel und damit der erste bewegliche Spiegel des Schlosses. In seiner ganzen langen Ahnenreihe der Königsspiegel hatte es das noch nicht gegeben. Paul konnte im Schloss umherfahren und alle Bewohner kennen lernen. Aber sein eigentlicher Platz war das Schlafzimmer von Prinzessin Karalie.

Bitte nicht durcheinander kommen! Wir haben es mit zwei Familien zu tun! Einmal die große Familie der Spiegel, zu der Paul, der kleine rollende Spiegel und seine

Großmutter Eulalie gehören und natürlich sein etwas boshafter Onkel Edwin. Alle Spiegel wohnen in einem Schloss. Und in diesem Schloss lebt die Familie von Prinzessin Karalie. Sie ist natürlich ein Mensch. Und ihre Eltern heißen König Zarabar und Königin Mara.

2. Karalie und Paul

Karalie und Paul hatten sich dicke ange-
freundet. Karalie war die einzige Tochter
von König Zarabar und Königin Mara.
Damit war sie manchmal ganz schön
einsam. Aber mit Paul zusammen war das
Leben sehr viel einfacher. Beide waren

Bella, Karalie und Paul

ungefähr 10 Jahre alt. Karalie und Paul
sausten gerne skateboardend auf Pauls
rollendem Untersatz im Schloss herum und
besuchten die ganzen anderen Spiegel oder
besonders gern die Küche mit der dicken
Köchin. Oder Karalie nahm Paul manchmal

mit, wenn sie im Garten herumtollte oder bei Onkel Edwin in der Reithalle mit der kleinen Araberstute Bella Longieren übte. Manchmal voltigierte Karalie auch mit Bella, wobei ihr größtes Kunststück war, im Handstand auf Bellas Rücken Onkel Edwin die Zunge herauszustrecken. Davon erzählte Onkel Edwin weniger gerne. Er war halt auch schnell beleidigt.

Paul war aber auch aus anderen Gründen ein besonderer Spiegel. Paul konnte etwas, was andere Spiegel nicht konnten. So war er in der Lage, die Menschen als Persönlichkeiten ganz wahrzunehmen. Er sah sie so, wie sie waren. Onkel Edwin war beispielsweise Meister darin, die scheinbaren schlechten Seiten eines Menschen oder Tieres wahrzunehmen. Er wusste alles über Bellas schwer frisierbare Mähne, die gerne in alle Richtungen abstand. Er wusste auch zu erzählen, dass Bella ziemlich klein geraten war. Aber sonst wusste er über Bella nichts zu sagen, schon gar nicht, was ihm an ihr gefiel. Bella fand das gar nicht schön. Immer, wenn sie in Onkel Edwin guckte, fühlte sie sich ein bisschen traurig. Onkel Edwin wusste auch alles über Karalies linkes Ohr, welches mehr als ihr rechtes zur Seite stand. Karalie mochte Onkel Edwin deshalb nicht besonders gern und streckte ihm gelegentlich die Zunge raus. Karalie war ein mutiges Mädchen.

Großmutter Eulalie hingegen war - anders als Onkel Edwin - nur in der Lage, alles äußerlich Schöne wahrzunehmen. Über Bella und Karalie erzählte sie immer mit verträumten Augen, was beide nur für eine wunderbare Haarpracht hätten. Immer und immer wieder. Wenn andere das hörten, wurde ihnen manchmal schon langweilig. Zeitweise schwärmte sie in allen Tönen und Farben davon, wie hübsch der Bart von König Zarabar war. Aber bei allem Schwärmen verlor man leicht den Glauben an ihre Worte, insbesondere wenn man kurz darauf auf Onkel Edwin traf.

Abends beim Schlafengehen lachten Paul und seine Eltern gerne über Onkel Edwins

17

und Oma Eulalies Eigenarten. Aber sie hatten sie wirklich lieb. Und jeden Sonntagnachmittag beim großen Spiegel-Kaffeetrinken (das war ein heimliches Vergnügen aller Schlossspiegel), bei dem jeder Spiegel sich zeitweise von seinem Rahmen trennte und sozusagen als geistiger Spiegel ins Dachgeschoss wandelte, lachten sie alle gemeinsam über die Erlebnisse der Woche und bewunderten die königliche Familie.

Bella mochte die Sonntagnachmittage in der Reithalle besonders gern, weil Onkel Edwin dann nicht da war und endlich seine Klappe hielt. So sehr Karalie und Bella sich über Onkel Edwin ärgerten, so sehr verunsicherte Onkel Edwin die beiden. Manchmal fragte Karalie heimlich Bella, ob sie wirklich ein so viel abstehenderes linkes Ohr hatte? Bella schnaubte dann immer beruhigend, fragte Karalie aber auch, ob ihre Mähne wirklich so widerspenstig war und sie vielleicht beim nächsten Reitturnier für Spott sorgen würde. Karalie tätschelte dann immer beruhigend Bellas Hals. Beide liebten dafür Paul, weil er etwas konnte, was kein anderer Spiegel konnte. Er schaute jedes Wesen an und sah seine wirkliche Schönheit. Er sah nicht nur ein schönes gelbes Rüschenkleid oder eine widerspenstige Mähne. Wenn Bella sich beispielsweise in Paul spiegelte, war sie immer überrascht, weil er es schaffte, in ihre Seele zu gucken. Er zeigte ihr, welch freundliches und abenteuerlustiges Pferd sie war mit seidig-braun-glänzendem Fell. Auch zeigte er ihr, dass sie zu tiefer Freundschaft fähig und in der Lage war, den anderen Reitpferden im Stall immer etwas Freundliches zu sagen. Er zeigte ihr auch ihre widerspenstige Mähne. Aber in seinem Spiegel war diese plötzlich etwas Besonderes und Lustiges, was Bella besonders liebenswert erscheinen ließ. Als hätte Paul ein Motto, das hieß: „Perfektion ist langweilig."

Karalie schaute besonders gerne morgens beim Anziehen in Pauls Spiegelbild. Wenn sie ehrlich war, mochte sie nämlich ihre Sommersprossen und ihr linkes Ohr nicht so gerne. Onkel Edwin hatte irgendwann in einer seiner scheußlichsten Stunden hämisch gelacht und ihr gesagt, dass ein Prinz wohl eine sehr dicke Brille haben müsste, um sie zu mögen. Paul war da ganz anders. Wenn sie in Paul hinein blickte, war das aufregend und schön. Er zeigte ihr ihr wunderschönes Lächeln und ihre Wuschellocken. Heimlich dachte Paul, dass der Bart von König Zarabar auch so hübsch war und bestimmt Pate gestanden hatte bei der Erschaffung von Karalies Locken. Auch wies er sie darauf hin, dass ihr Körper besonders sportlich und muskulös war und der Po deshalb besonders vorstand. Aber bei Paul war ihr vorstehender Po, ihre vielen Sommersprossen und ihr linkes Ohr etwas ganz Besonderes, ohne dass Karalie nie die liebenswerte, mutige Reiterin war, die sie nun einmal war. Paul hatte verstanden, dass die Persönlichkeit eines Menschen aus Äußerem und Innerem bestand und nur zusammen mit all seinen Eigenarten das wurde, was er oder sie war: Karalie eben. Oma Eulalie schwärmte immer nur für Karalies Locken, was Karalie auf die Dauer langweilig fand. Manche Ballprinzessinnen fanden Oma Eulalie einfach „reizend" und sonnten sich in ihrem Spiegelbild.

3. Der Freitagnachmittag

An einem regnerischen Freitagnachmittag wanderte Karalie unentschlossen durch das Schloss. Paul war erkältet und müde. Auch Bella war erkältet, und Karalie hatte sie im Stall mit viel warmem Stroh eingepackt, denn sie hustete ganz erbärmlich. Der Tierarzt hatte Bella ein paar Tage Ruhe und Hustensaft verordnet. So hatten sich Karalie und Bella darauf geeinigt, dass das Reiten und Voltigieren bei Onkel Edwin in der Reithalle zunächst ausgesetzt war. Schade! Zum Glück gab das Schloss jede Menge zum Entdecken her. Manchmal dachte Karalie, dass sie womöglich 105 Jahre alt werden könnte, ohne jemals alle Zimmer wirklich gesehen zu haben. Heute war es besonders still im Schloss. König Zarabar und Königin Mara, Karalies Eltern, tüftelten im Arbeitszimmer an Plänen für das Sommerfest. Jedes Jahr im August wurden nämlich viele Familien eingeladen, gemeinsam zu feiern.

Die Hausangestellten hatten Freitagnachmittag immer frei. Und auch im Stall breitete sich langsam Wochenendruhe aus. Sogar die Stallkatzen schienen verschwunden, womöglich ins Heu gekrochen, um von Mäusen zu träumen. Karalie hatte in der direkten Umgebung auch keine Schulkameradinnen, die sie besuchen konnte, weil sie als Prinzessin Privatunterricht im Schloss erhielt und die nächste Schule sehr weit weg war. Also begann sie gen Westflügel des Schlosses zu wandern, wo sie normalerweise eher selten war. Ihr Schlafzimmer, wo auch Paul war, lag im Ostflügel. Zwischendurch machte sie einen Abstecher in den Ballsaal, wo sie Oma Eulalie besuchte.

Oma Eulalie war wie immer höchst beglückt, wenn sie jemand besuchte. „Hallo Kindchen, schön dich zu sehen! Wie geht es dir? Gut schaust Du aus. Deine Locken, ach ganz bezaubernd!" Karalie antwortete. „Hallo Oma Eulalie. Mir ist ein bisschen langweilig. Du weißt doch, es ist Freitagnachmittag. Mama und Papa arbeiten an den Sommerfestplänen, Paul ist krank. Und Bella ist auch krank und muss im Stall ruhen. Ich streune ein bisschen

durchs Schloss und wollte mal schnell Hallo sagen." Oma Eulalie, die Karalie sehr gern hatte, freute sich über den Besuch und dachte gerne darüber nach, wie sie dem Mädchen den Nachmittag verschönern könnte. „Du könntest ja ein bisschen im Ballsaal tanzen! Ich würde dir auch die wichtigsten Walzerschritte beibringen. Und meine entfernte Cousine Else, die ein bisschen hochnäsig ist, feiert heute im Westflügelpianozimmer Geburtstag. Da könnte auch etwas los sein." Karalie, die sich für das Alleine-Tanzen-im-Ballsaal eher schämte, lehnte das freundliche Angebot von Oma Eulalie höflich dankend ab. „Danke, ein nettes Angebot von Dir, Oma Eulalie. Walzer lerne ich lieber im Juli kurz vorm Sommerfest. Sonst vergesse ich die Schritte wieder. Aber das Westflügel-pianozimmer kenne ich gar nicht. Das schaue ich mir mal an. Danke für den Tipp." Und - husch - weg war sie.

Oma Eulalie wollte ihr noch sagen, wie bezaubernd sie in ihrem rotweißen T-Shirt aussah, aber Karalie war schon verschwunden. Oma Eulalie verfiel in ein summendes Nachdenken über

„bezaubernde junge Mädchen".

4. Das Westflügelpianozimmer

Karalie stapfte langsam über viele Treppen zum Westflügel. Sie war ein bisschen aufgeregt, weil sie das Westflügelpiano-zimmer noch gar nicht kannte. Paul hatte ihr mal erzählt, dass dort der alte Ballsaal gewesen sei, bevor Oma Eulalies Reich renoviert wurde. Paul hatte auch erzählt, dass er die vielen Spiegelverwandten, die er dort habe, ein wenig sonderbar fand. Auf Karalie hatte das zunächst einfach rätselhaft gewirkt, machte sie jetzt aber umso neugieriger. Langsam näherte sie sich dem Zimmer, aus dem sie schon das deutliche Spiegelwispern mit vielen unterschiedlichen Stimmen vernahm.

Dazu müsst Ihr wissen, dass Spiegel zu Menschen sprechen können. Manche Menschen berichten, dass sie das sofort hören können. Andere berichten, dass sie selbst nach jahrelangem Lauschen nichts hören. Über diese Menschen dachte Karalie immer nur „die Glücklichen", wenn sie an Onkel Edwins höhnische Bemerkungen dachte.

Aber nun zurück zum Westflügelpianozimmer. Karalie sah, dass die Tür einen
Spalt weit auf war, ganz so, als hätte man
auf sie gewartet. Schnell schlüpfte sie
hinein und setzte sich still in die nächste
Ecke, um erst einmal zu schauen, was hier
so los war. Was sah sie? Ein langer
rechteckiger Raum mit vielen Fenstern und
Spiegeln breitete sich vor ihr aus. An der
hintersten Wand stand das schwarze Piano.
Die Fenster waren gegen das einflu-
tende Sonnenlicht mit schweren grünen
Samtvorhängen bestückt, einige waren
zugezogen. So wechselte der Raum
zwischen Halbdunkel und Sonnenstrahlen,
die im Kristalllüster fröhlich blitzten und
funkelten. Und was für eine Menge an
Spiegeln! Karalie meinte, sie habe bestimmt
fünf kleine und fünf riesige Wandspiegel
entdeckt. Einer der kleinen Spiegel hing
rechts über ihr, hatte Karalie aber noch
nicht in ihrer Ecke entdeckt. Das lag
womöglich daran, dass die zehn holz-, glas-
und diamantverzierten Spiegel wild
miteinander diskutierten. Aber worum ging
es?

Karalie im Westflügelpianozimmer bei Cousine Else

„Die haben dünn zu sein! Lang und dünn",
kreischte der größte Spiegel hinten links.
Ob das die Cousine Else von Oma Eulalie
war, fragte sich Karalie. „Nein!" entgegne-
te voller Verachtung der Spiegel in der Mitte
rechts mit Diamantverzierung. „Die jungen
Dinger müssen üppig sein! Bauch, Busen
und Po! Es soll doch gezeigt werden, was
Mutter Natur an Wundern vollbracht hat."

„Hä??" dachte Karalie. Wovon reden die
nur? Fast jubilierend sagte der Spiegel in
der linken Ecke: „Zu meiner Zeit mussten

alle Mädchen und Damen Korsetts tragen. Und für ein Korsett mussten sie schon etwas an Körper mitbringen."

Ach, jetzt verstehe ich, worüber die reden, dachte Karalie. Es geht um Menschen, und zwar um Frauen. Der größte Spiegel hinten links erhob nun wieder seine schneidende Stimme und sprach direkt den diamant-verzierten Spiegel an. „Hochverehrte Cousine Else, Damen mit kräftigem Körperbau sind doch schon lange aus der Mode. Ich weiß nicht, wie du die Zeichen der Zeit verkennen kannst. Die Mode-schneider haben so vieles hervorgebracht. Da könnte eine vollbusige Rubensschönheit nie hineinpassen. Stell Dir das doch nur mal vor. Jemand mit 85 kg in einem Bikini! Lächerlich!" Karalie merkte, dass der diamantverzierte Spiegel, der Cousine Else war, langsam sauer wurde. Manche Spiegel machten dann so ein brodelndes Geräusch. Spiegel Else sagte: "Verehrte Tante, ICH habe noch den berühmten Maler Paul Rubens persönlich gekannt und so manche Konversation mit ihm gehabt. Du willst mir doch nicht weismachen, dass das ewige

Schönheitsideal eines weltberühmten Malers, dessen Bilder in allen Schlössern hängen, heute nichts mehr zählt?! Das halte ich, lass es mich mal salopp sagen, für Mist!" Ein Raunen ging durch den Raum. Die Stimmung war zum Schneiden, und Karalie wurde es in ihrer Ecke immer unbehaglicher zumute. Eine piepsige Stimme irgendwo von rechts sagte: „Aber heute müssen die jungen Dinger doch alles haben - Busen und Po, und trotzdem dünn und muskulös." „Genau" kreischte der Spiegel hinten links. „Blödsinn. Dann ist auch nichts an ihnen dran. Kein Busen und gar nichts."

Karalie guckte bestürzt an sich herunter. Ihr Busen wuchs erst langsam, und dünn war sie auch nicht so richtig. Cousine Else ertönte von neuem. „Da habt Ihr es wieder. Es soll halt doch etwas an weiblichen Formen zu sehen sein, wie mein guter Freund Rubens immer gesagt hat", fügte sie noch hochnäsig an. Oh, oh, Karalie rauschte der Kopf. Dünn? Dick? Viel Busen? Wenig Busen? Was ist denn nun richtig, fragte sie sich.

Plötzlich quietschte der Spiegel rechts über ihr: „Oh, schaut einmal, wir haben Besuch! Ein junges Mädchen. Ist das nicht Prinzessin Karalie?" Karalie erschrak und lief im gleichen Moment rot an. Zögernd richtete sie sich auf und machte eine kleine Verbeugung vor dem diamantbesetzten Spiegel. „Ich grüße Sie, Frau Spiegel Else! Ihre Cousine, Oma Eulalie, berichtete mir von Ihrem Geburtstag. Da wollte ich Ihnen nur schnell recht höflich gratulieren!" Alle Spiegel schauten Karalie gebannt an. Sie spürte, wie die Blicke der Spiegel sie musterten und ihren Körper einschätzten. Sie wollte so schnell als möglich aus dem Westflügelpianozimmer heraus. Der diamantverzierte Spiegel, der Cousine Else hieß und heute 700 Jahre alt geworden war, meinte plötzlich recht sanft: „Hab vielen Dank, Prinzessin Karalie. Das ist eine freundliche Geste von Dir! Sicher hast Du unsere Diskussion belauscht. Was meinst Du denn dazu?" Karalie wurde heiß und kalt. Sie fühlte sich unwohl in ihrer Haut und mochte es nicht, gemustert zu werden. „Ich, ich weiß nicht", sagte sie. „Ich merke, mir wird nur bei den vielen Beschreibungen, wie Frauen zu sein haben, ganz schwindelig." Das war das Einzige, was Karalie in diesem Moment einfiel. Sie kam sich ganz unbeholfen vor. „Nun", sagte der diamantverzierte Spiegel großzügig, „Du bist ja auch noch sehr jung für eine Meinung zu diesem Thema. Komm doch bald einmal vorbei, wenn weniger los ist, und ich erzähle Dir dann von meinem berühmten Freund Rubens. Das könnte Dir zu einer Meinung verhelfen."

Karalie brachte gerade noch ein „Dankeschön und Tschüß" heraus, bevor sie schnell den Raum verließ, der ihr am Anfang mit der Sonne und den grünen Vorhängen eigentlich gut gefallen hatte. „Puh, geschafft!", dachte sie, als sie die Tür hinter sich zugezogen hatte. Tuschelten die Spiegel jetzt über sie? „Aber was denke ich wirklich darüber, wie Frauen zu sein haben?", fragte sich Karalie, als sie langsam zurück zu ihrem Zimmer im Ostflügel wanderte. Dort wollte sie unbedingt mit Paul und ihren Eltern über das Thema sprechen.

Karalie und Paul

5. Den anderen davon erzählen

Zurück in ihrem eigenen Zimmer merkte Karalie, wie aufgeregt und verwundert sie war. Schnurstracks ging sie zu Paul, der halb in ihren Kleiderschrank gerollt zu sein schien. „Paul?", fragte sie. „Hatschi!", erklang es zurück. Karalie näherte sich noch ein paar Schritte und sah, dass Paul leicht angelaufen war. „Was ist los mit Dir?" - „Ich glaube, ich bin noch schlimmer erkältet, habe den grünen Spiegelschnupfen, der geht gerade im Schloss um." - „Oh, Du Armer, ist das schlimm?", fragte Karalie erschrocken. „Nee", sagte Paul, „ich glaube, ich sehe heute nur nicht so richtig. Ich müsste so einen grünen Schimmer an meinem Glas haben?!" „Ja", lachte Karalie „das erinnert mich an das Westflügelpianozimmer und die grünen Vorhänge dort." Paul fragte aufgeregt: „Hast Du Cousine Else gratuliert? Haben sie sich wieder gestritten? War es schlimm?" „Furchtbar!", sagte Karalie und erzählte ihm kurz von ihren Erlebnissen. Gemeinsam einigten sie sich darauf, das Ganze später noch einmal genauer zu besprechen, denn Paul fing plötzlich an, dreimal in der Minute zu niesen. „Kann ich noch etwas für Dich tun, bevor ich jetzt meine Eltern suche?", fragte Karalie. „Oh ja bitte, häng mir doch Deine seidenbestickte Decke über, dann ist es ein wenig dunkel, und ich kann vielleicht ein bisschen schlafen."

Der Schneckenhausturm

Karalie machte sich auf den Weg zu ihren Eltern. Dafür verließ sie ihr Schlafzimmer und benutzte direkt links von ihrer Tür den siebenfach geschlungenen Turm, den eine schmale Wendeltreppe von innen zierte. Äußerlich sah der Turm wie mehrere Schneckengehäuse gestapelt aus. Von außen konnte man nicht erkennen, dass in jeder schneckenhausgedrehten Ecke ein Stuhl stand, auf dem man ausruhen und hinaus schauen konnte. Aus einem kleinen Fenster sah man in die waldreiche Gegend mit kleinen Wiesen. Karalie setzte sich normalerweise nie, wenn sie über diese Treppe das Arbeitszimmer ihrer Eltern aufsuchte. Sie war viel zu aufgeregt und von Neugierde geplagt, was ihre Eltern wohl zum Westflügelpianozimmer zu erzählen hatten. Aber sie hatte ihren Vater, der 50 Jahre alt war, ab und zu auf dieser Treppe begleitet. Und er setzte sich gerne im letzten Schneckenhaus und schaute mit ihr hinaus. Er freute sich immer, wenn sie dann zusammen ein Reh oder ein Wildschwein entdeckten. „Unsere wilden kleinen Freunde" nannte er sie immer. Karalies Mutter blieb auch gerne im obersten

Schneckenhaus sitzen und schaute zusammen mit Karalie in den Himmel. Wolken, hellblaue Ewigkeit und gegen Abend die ersten Sterne konnten die beiden dann entdecken. Karalie fiel es noch schwer, andere Sternbilder als den großen Wagen zu entdecken. Heute war das alles aber nicht wichtig. Sie hüpfte von Treppenstufe zu Treppenstufe und rief schon von weitem „Mama! Papa!".

Königin Mara und König Zarabar

König Zarabar stand in der Tür des Arbeitszimmers und schaute sie verwundert an: „Was rennst Du so schnell wie ein Reh auf dem Weg zu seinem Rudel?", fragte er sie. Karalie lachte und stürmte ins Arbeitszimmer, wo ihre Eltern um einen großen Tisch mit Stapeln von Papieren, Masken und Luftschlangen gesessen hatten. „Was ist los, mein Schatz?", fragte Karalies Mutter, Königin Mara. „Mama, ich war im Westflügelpianozimmer. Da hängt die Cousine von Oma Eulalie, unserem Ballsaalspiegel. Sie hat heute Geburtstag. Da wollte ich einmal vorbeischauen. Und die haben sich echt fies gestritten. Und wisst ihr, worum es ging?! Mädchen und Frauen und ihr Aussehen!" „Oh weia" erwiderte Karalies Mutter, „ich kann es mir lebhaft vorstellen. Haben sie dich entdeckt und etwas zu dir gesagt? Haben sie dich kritisiert?" „Nein", sagte Karalie leicht beschämt, „ich bin vorher geflüchtet."

„Mach dir nichts daraus," sagte Karalies Vater. „In den letzten Wochen habe ich meinem Badspiegel das Wort verboten. Ich gucke da nicht mehr rein!!!" Karalie fragte überrascht „Wieso denn nicht?" Sie war jetzt neugierig geworden. Ihr Vater fuhr fort: „Du weißt ja, dass die Spiegel uns gerne beurteilen. Das betrifft ja nicht nur

Frauen, sondern in der letzten Zeit auch zunehmend Männer. Und ich habe es einfach nicht mehr ausgehalten!", polterte er plötzlich wütender. Jetzt äffte er seinen belehrenden Badspiegel nach: „König Zarabar, Du bist zu dick geworden. Männer haben groß und muskulös zu sein. Wo sind Dein Waschbrettbauch und Deine Bizeps? Und Bart zu tragen ist auch nicht mehr in. - So ein Mist!", entfuhr es ihm plötzlich, und er entschuldigte sich sofort für seinen unflätigen Ausdruck. „Aber wirklich, das hält doch kein Mensch aus! Als ich klein war, sollten Männer immer nur Bäuche und Bärte haben. Heute ändert mein Spiegel seine Meinung, und plötzlich soll ich dünn wie ein griechischer Gott sein." Dann erklärte er Karalie, dass das Problem des nicht-mehr-in-den-Spiegel-Guckens sei, dass er deshalb seit drei Wochen nicht mehr wisse, ob ihm Brotkrümel im Bart hingen oder nicht. Jetzt ergriff Karalies Mutter das Wort. Fürsorglich meinte sie, dass sie ihrem Mann notfalls sagen würde, wenn sein Bart vor lauter Brotkrümeln nicht mehr zu sehen sei. „Ach weißt du, mein Schatz", fuhr sie zu Karalie gewandt fort, „seit ich von Onkel

Edwin in der Reithalle und von Cousine Else im Westflügelpianozimmer gehört habe, dass meine Nase zu groß und mein Busen zu klein sei, schäme ich mich immer mal dafür." Karalie merkte, dass es ihrer Mutter nicht leicht fiel, darüber zu sprechen. Ihr fiel auf, dass sie überhaupt das erste Mal mit ihren Eltern über das Thema Aussehen sprach. Vielleicht lag das ja auch daran, dass sie in letzter Zeit gemerkt hatte, dass sich ihr Körper veränderte. Irgendwie bekam sie langsam eine Brust und vielleicht sogar Hüften. Eigenartige Natur! Bella hatte ihr erzählt, dass Pferde auch in die Pubertät kommen und sich ihr Körper veränderte. Bella hatte ihr darüber hinaus berichtet, dass das zum Erwachsenwerden wohl dazu gehörte und sogar dazu führte, vielleicht selber einmal Babys kriegen zu können. Während sie ihren Gedanken nachhing, sagte ihre Mutter plötzlich: „Ich weiß nicht, welchen Spiegeln wir überhaupt zuhören sollen. Die haben alle so extreme Meinungen. Sogar die süße Oma Eulalie! Für sie ist alles bezaubernd, das kann doch auch nicht wahr sein."

„Genau!" Karalie sprang auf. Sie sagte: „Ich werde die Meinungen der Spiegel einmal untersuchen. Ich mache Interviews mit ihnen, um herauszufinden, was die Wahrheit ist?!" Das musste sie Bella und Paul erzählen, zumindest ganz kurz, auch wenn sie krank waren. Schnell hüpfte sie die schneckenhausgeschlungene Treppe wieder hinunter und stürmte gen Stall. „Danke!" rief sie ihren Eltern noch zu, denn sie hatte schon etwas Neues gelernt! König Zarabar und Königin Mara schauten ihrer Tochter überrascht und lächelnd nach.

6. Wütend

Karalie war wütend. Als sie am Morgen des folgenden Tages aufwachte, schien die Sonne. Und obwohl die Strahlen ihr Gesicht freundlich kitzelten, merkte Karalie, dass sie im Bauch ein seltsames brodelndes Gefühl hatte. Beim Frühstück hatte sie guten Appetit gehabt. Übelkeit war es also nicht. Normalerweise war sie ein ausgeglichenes Mädchen, das gerne lachte. Manchmal war sie vielleicht unsicher, wütend aber selten. „Karalie, was ist los mit Dir?", fragte ihre Mutter. Auch die Köchin in der großen weißen Schürze in der großen weißen Küche, wo sie alle frühstückten, fragte sie nach ihrer Laune. Beiden konnte sie aber nur antworten, dass sie nicht wisse, warum sie wütend sei. Sie sei es einfach. „Magst du mit mir überlegen, warum du wütend bist?", fragte ihre Mutter. „Nee, lieber nicht", sagte Karalie. „Ich bin zu kribbelig jetzt." Ihre Mutter schlug ihr vor: „Lauf doch in den Stall, sag Bella Hallo. Das hilft vielleicht."

Gesagt, getan. Noch immer innerlich

brodelnd, wanderte Karalie zum Stall, erst durch viele Gänge, dann über Treppen, über den Hof, links abbiegen und - schwupps - war sie da. Bella wieherte ihr fröhlich entgegen, auch wenn ein kleiner Huster noch zwischendurch heraus platzte. Als sie sie von nahem oben mit ihren Nüstern anstubste, meinte sie sofort: „He, was ist los mit Dir. Du fühlst dich an wie ein wild gewordener Ameisenhaufen. Bist du wütend? Gestern warst Du so enthusiastisch, was die Spiegelinterviews angeht. Ist was passiert?" Karalie sagte kläglich: „Nein, ich weiß auch nicht, warum ich wütend bin. Ich bin es einfach." „Hm", meinte Bella und kaute nachdenklich an ein paar Haferkörnern, die sie gerade zwischen ihren Zähnen gefunden hatte. „Weißt du, was ich immer tue, wenn ich wütend bin?! Ich versuche einfach mal drauf los zu wiehern, was mir als erstes und zweites und drittes so einfällt, warum ich wütend sein könnte." Karalie nickte nachdenklich. Eine längere Pause folgte. Dann: „Spiegel, Spiegel, Spiegel!" „ Oh!", lachte Bella.

„Heißt das, dass du gestern erst einmal verunsichert und neugierig warst wegen der Cousine Else und ihrer Geburtstagsgesellschaft? Und heute merkst du, dass du wütend bist, weil sie dich so verunsichert haben?!" „Ich glaube ja.", sagte Karalie noch ein bisschen kläglicher. Bella lachte, wieherte und prustete. Und wie Karalie sie so sah, musste sie selber irgendwann lachen. „Diese blöden Spiegel!" prusteten beide. Und Karalie fühlte sich plötzlich viel leichter. Nachdem beide noch eine Weile gekichert hatten, im Stroh herum lagen und über Cousine Elses Geburtstagsgesellschaft hergezogen hatten, kam der Stallmeister irgendwann mit Bellas Hustensaft vorbei und erinnerte an die Empfehlung des Tierarztes, dass Bella noch Ruhe bräuchte. „Na gut, schade", sagten beide. „Ich schaue heute Nachmittag noch einmal vorbei", versprach Karalie und kramte noch schnell nach einer Mohrrübe in ihrer Hosentasche. „Ich wusste doch, dass ich noch etwas für dich eingesteckt hatte. Bis später!"

Karalie zockelte langsam, aber inzwischen viel froher durch die frisch gefegte Stallgasse. Der Geruch von Heu und Stroh und warmen Pferden lag in der Luft. Das war schön. Als sie am Eingang zur Reithalle vorbei ging, lag direkt gegenüber die Sattelkammer. Hier roch es mehr nach dem eingefetteten Leder der Zaumzeuge und der Sättel. Eine kleine braune Stallkatze namens Venus jagte vor ihrem schlanken schwarzen Bruder her, als wenn sie fangen spielten. Die jagenden Kätzchen hatten Karalie inne halten lassen, so dass sie jetzt genau zwischen Sattelkammer und Reithalleneingang stand.

„Eigentlich könnte ich ja mal bei Onkel Edwin mit meinen Interviews beginnen", dachte Karalie tollkühn. Denn normalerweise fürchtete sie sich fast ein bisschen vor Onkel Edwins bissigen Bemerkungen. „Soll ich oder soll ich nicht?", fragte sich Karalie. „Na los", sagte sie zu sich selbst, „ wer nicht wagt, der nicht gewinnt."

7. Das Gespräch mit Onkel Edwin

Als sie in die große Reithalle mit weichem eingestreutem Sägemehlboden eintrat, war es ganz still. Niemand ritt, tollte herum oder trainierte heute früh. Dabei fiel Karalie ein, dass Samstag war, ein Ruhetag, wie das ganze Wochenende. Onkel Edwin hing in der rechten Ecke, wohin sie jetzt langsam ging. Von Bellas Rücken aus schaute sie immer direkt hinein. Heute schien Onkel Edwin so hoch. Was ich ihn nur fragen soll, dachte Karalie bei sich. Plötzlich hörte sie ein Schnarchen. Sie musste kichern. Von Paul wusste sie, dass Spiegel manchmal schnarchen, insbesondere wegen des grünen Schnupfens. Ob Onkel Edwin krank war? Zögernd rief sie leise: „Hallo Onkel Edwin."

Als Karalie den schnarchenden Onkel Edwin weckte, hatte sie keine Ahnung, welchen Schneeballeffekt sie in Gang setzte. So nahm die Geschichte ihren Lauf wie ein kleiner Schneeball, der einen Berg hinunterpurzelt und dabei immer größer und immer schneller wird. Aber es ist, wie es ist, und es sei, wie es sei. Das sagte immer Karalies Mutter, Königin Mara, die sehr pragmatisch war. „Onkel Edwin", flüsterte Karalie erst zögerlich, dann zunehmend lauter. Onkel Edwin erwachte mit einem so lauten Schnarcher, der sogar einen schlafenden Riesen geweckt hätte. Dabei schüttelte er sich halb empört und brummte: „Hm, wer stört?!" Karalie erschrak, wusste aber auch, dass es jetzt kein Zurück mehr gab. „Ich", sagte sie kläglich und schickte ein „lieber Onkel Edwin" hinterher. Onkel Edwin fragte schon deutlich wacher und damit bissig wie eh und je: „Was willst du denn von mir, und wo ist die zottelige Bella, Deine unzertrennliche Freundin?" Karalie dachte sich, sie müsse ihm jetzt erst einmal Honig um den Bart schmieren, damit er ihr half, wirklich wichtige Dinge zu verstehen. „Onkel Edwin", sagte Karalie sehr freundlich und mit einer kleinen Bewunderung in der Stimme. „Niemand sonst im Schloss kennt seine Geschichte und seine Bewohner besser als du. Du hast Könige und Königinnen, Ritter und Hofnarren, Köche und Köchinnen,

Stallburschen und Hengste und Stuten über die Jahrhunderte an dir vorüber ziehen sehen. Ich dachte, dass nur du mir weiterhelfen kannst!"

Onkel Edwin schaute Karalie erstaunt an. Er war neugierig geworden und sogar stolz auf sich. „Hm, da magst du Recht haben, mein Mädchen. Aber wobei soll ich dir denn helfen?" Karalie merkte, dass sie jetzt gute Karten auf der Hand hatte. „Onkel Edwin", setzte sie wieder freundlich an, „ich verstehe etwas nicht." Sie sah, wie Onkel Edwin seine Spiegelohren zu spitzen schien. „Ich will verstehen, was wahre Schönheit ist. Wenn ich im Schloss umher ziehe und die anderen Spiegel höre, höre ich immer wieder unterschiedliche Meinungen über Kleidung, Körpergröße, Figur, Nasen, Haare und so weiter. Manchmal dreht sich mir der Kopf bei den ganzen Vorgaben. Und da habe ich mir gedacht, frag einfach Onkel Edwin um Rat. Er muss einfach die Wahrheit kennen!" Onkel Edwin lächelte geschmeichelt und froh. Schon lange hatte ihn niemand mehr um seine Meinung gebeten. Die hatte er gerne einfach so und ungefragt und manchmal boshaft mitgeteilt. Doch jetzt musste er überlegen, denn er war ehrlich gefragt worden und wollte eine ehrliche Antwort geben. „Weißt du", sagte er, „als ich vor 350 Jahren geboren wurde, sah die Welt manchmal anders aus. Nicht nur, dass ich damals noch im Schloss hing und einen rot-goldenen Rahmen hatte. (Hier brummte er ein bisschen.) Die Menschen sahen auch anders aus. Alle Männer hatten Bärte. Könige und Herzöge hatten immer Perücken auf. Frauen trugen immer lange hochgesteckte Haare oder meistens Perücken und immer Reifröcke. Und alle waren deutlich schwerer als heute. Das haben mir die Pferde erzählt. Und die müssen es ja wissen! Eine der damaligen Damen der Gesellschaft, von denen man sich erzählte, war Madame Pompadour. Sie hatte am Hofe des französischen Königs eine Sonderrolle." Er lächelte spitzbübisch und summte ein kleines Liedchen: „Madame Pompadour saß auf Ihrer Couchgarnitur. Bei einem Glase Tee und Wein, lud sie ihren Liebsten ein. Ach du schöne Dame D'Amour... Also, was ich eigentlich sagen wollte, war, dass alle wie Madame Pompadour sein wollten oder zu sein hatten, um den Königen und Herzögen zu gefallen. Und die Männer wollten alle wie der französische König sein, um auch so eine hübsche Dame wie die Pompadour abzubekommen."

Onkel Edwin zeigt Bilder aus der Vergangenheit

Dann wendete Onkel Edwin einen Trick an, den Karalie erstmalig bei Paul gesehen hatte. Onkel Edwin zeigte ihr ein Bild aus der Vergangenheit, wie aus einem Fotoalbum. Sie sah lauter Damen und Herren von vor etwa 350 Jahren, die erstaunt in einen Spiegel blickten, womöglich für ein Gruppenbild und einen Maler aufgestellt. Sie sah Menschen, wie sie Onkel Edwin beschrieben hatte. Es sah aus wie ein Foto, aber alle Männer und Frauen mit ihren Perücken und samtigen Gewändern lächelten und zwinkerten mit den Augen. Karalie staunte. Diese Bilder kannte sie bisher nur aus den Erzählungen ihres Vaters. Und tatsächlich: alle Männer hatten Bärte, alle Männer und Frauen trugen lockige Perücken oder hochgesteckte Haare, alle Frauen trugen Reifröcke und schienen unter ihren eng geschnürten Kleidern kaum atmen zu können. Einer der Hofdamen war schon ein Bändchen in Höhe ihrer Taille gerissen, so eng war das Kleid. Und das Makeup war ganz dick aufgetragen. „Ui, ui, ui", machte Karalie laut. „Die lächeln zwar, aber mit ihren Kleidern und Perücken scheinen sie auch nicht so ganz glücklich zu sein." Onkel Edwin sagte: „Da hast du Recht." Er musste grinsen. Er erinnerte sich daran, wie ihm mehrere Hofdamen ihr Leid geklagt hatten, weil sie in den engen Kleidern kaum Luft bekamen, unter den Perücken und dem Make-up schwitzten und alles so sehr juckte. Davon erzählte er Karalie. Beide mussten den Kopf darüber schütteln. „Aber warum haben sie denn dann trotzdem all das angezogen?!", fragte Karalie sich laut. Doch Onkel Edwin war noch nicht mit seinen Geschichten zu Ende. An diesem Nachmittag lernte Karalie, dass sich im Laufe der Jahrhunderte vieles verändert hatte. Und es war nicht immer einfach für die Menschen gewesen:

Erst kam die Zeit der Reifröcke, Perücken und des dicken Make-ups mit vielem Puder. Dann änderte sich die Mode. Männer und Frauen sollten schmalere Figuren haben und noch engere und unbequemere lange Röcke ohne Reifrock tragen. „Ui, ui, ui", machte Karalie wieder. „Es wurde ja nicht viel besser." Karalie sah wieder mit Onkel Edwins Fototrick Bilder der damaligen Hofbewohner. In Onkel Edwins Geschichte näherten sie sich jetzt mehr der Neuzeit, und zwar den letzten 100 Jahren. Das war eine rasante Erzählfahrt. Karalie erfuhr von den wilden Dreißiger Jahren, in denen Frauen Pagenköpfe trugen und kurze Kleider. Aber auch strenge Hosenanzüge für

Frauen waren schick. Männer trugen unpraktische lange Fracks und Zylinder. Sogar Spazierstöcke waren in. Selbst wenn sie gar keinen brauchten, um sich aufzustützen! Könnt Ihr das glauben? Eingeschnürte Taillen bei Frauen blieben über die Jahre immer modisch. Erst nach dem Zweiten Weltkrieg wurde es schick, dass Frauen wieder kräftiger wurden. Aber das hielt nicht lange an. Schon in den sechziger Jahren wurden Fotomodelle so dünn, dass sie das nur durch Hungern erreichen konnten. So dünn von Natur aus war höchstens eine von 100.000 Frauen! Und trotzdem sollten die Frauen Busen und Po haben. Verrückt nicht? Etwas Interessantes gab es auch aus den Siebziger Jahren. In dieser Zeit durften Männer und Frauen ihre gesamte Körperbehaarung stolz herzeigen. Ob an den Beinen, Achseln, Brust oder Kopf, Haare waren prima! Erst später schien Körperbehaarung wieder etwas Unerwünschtes. Sogar Männer begannen, ihre Brustbehaarung zu entfernen. Mit Wachs! Autsch! Je dünner die Frauen über die Jahre zu sein hatten, desto muskelbepackter hatten die Männer zu sein. Manche hatten deshalb sogar begonnen, in das so genannte Kraftstudio zu gehen und täglich mit Hanteln und Gewichten zu trainieren. Einige nahmen sogar heimlich Hormone, die die Muskeln größer machen, aber die Gesundheit schädigen. Über die Jahre war es auch modern geworden, sich für die Schönheit operieren zu lassen oder Spritzen gegen die Falten zu bekommen. Jeder Mensch sollte jung und sportlich ausschauen.

Karalie hatte beim Erzählen den Mund offen stehen. Sie staunte in einem fort. Das hatte sie noch nie gehört. Manchmal kicherte Onkel Edwin, weil er beim Erzählen sich Bilder von Menschen vorstellte und zeigte, die gerade eine Spritze gegen Falten bekommen hatten und irgendwie aussahen wie gebügelt. Karalie war erschrocken und gleichzeitig amüsiert. Onkel Edwin wusste, dass auch in anderen Ländern viele Menschen Dinge tun, um schöner zu sein. Er berichtete, dass Menschen auf der ganzen Welt nach Schönheitsoperationen für größere Augen, weniger Falten, andere

Nasen, andere Brüste, Sixpacks und muskulösere Beine usw. suchen. Nirgendwo schienen die Menschen mit ihrem Aussehen zufrieden zu sein.

Onkel Edwin meinte: „Denk nur nicht, das täte nicht weh oder sei ungefährlich, was die Menschen alles tun, um sich schöner zu machen. Ich habe einige schon mit schmerzverzerrten Gesichtern auf den Pferden gesehen." Und nachdenklicher sagte er: „Irgendwie mag ich die Menschen meistens so am liebsten, wie sie von Natur aus sind. Manches Neue passt einfach nicht zu ihnen." Karalie und Onkel Edwin verstummten beide und hingen ihren Gedanken nach. Was für eine verrückte Welt. Mal soll man dick sein, dann dünn. Dann soll man Bärte tragen, dann keine. Einmal Perücken, dann kurze Haare. Mal große Busen, mal kleine, mal viele Muskeln, mal wenige. Was ist nur richtig?

Onkel Edwin brummte: „Weißt du was, eigentlich mag ich Männer und Frauen am liebsten so, wie sie aussahen, als ich ein kleiner Spiegel war. Damit bin ich groß geworden. Daran bin ich gewöhnt. Aber das alles ist doch eigentlich ein riesiger Quatsch! Nur weil ich es gewöhnt bin, ist es ja nicht einfach schön oder richtig. Es ist nur eine Gewohnheit. Und eine Mode. Mehr nicht!"

Beide verfielen wieder in ein stummes Staunen. Und so saßen sie noch eine ganze Weile in der stillen, warmen Reithalle beisammen.

Karalie und Paul

8. Ein Plan

Am nächsten Morgen, als die Sonne wieder hinter den Regenwolken hervorblinzelte, erwachte Karalie mit einem langen Gähnen und Räkeln. Ihr Bett war kuschelig warm, und in der Ferne hörte sie, wie ihre Eltern langsam das Frühstück bereiteten. Die erste Mahlzeit des Tages war eine Familienangelegenheit und wurde ohne Personal und ganz allein, also zu dritt, eingenommen. Karalie liebte Kamillentee und geröstete Reisflocken mit Milch. In den Kamillentee, vor dem sich ihre Eltern ekelten, tat sie immer ein bisschen Honig. Sie fand, dass er dann noch mehr nach duftenden Sommerwiesen schmeckte. Während sie also langsam aus dem Bett aufstand, rief ihr schon Paul entgegen, der heute schon viel gesünder aussah. Fast trällernd sagte er „Guten Morgen!" - „Guten Morgen, Paul, wie geht es dir heute?!" - „ Oh, schon viel besser! Warst Du bei Onkel Edwin? Was hat er Dir erzählt?", beeilte sich Paul zu fragen. Karalie erzählte ihm kurz von den Neuigkeiten und versprach, nach dem

Frühstück noch einmal ausführlich die Erkenntnisse zu diskutieren. Während des Frühstücks war Karalie eher leise und nachdenklich, schlürfte aber mit Wonne ihren Tee und ihre Flocken. Da ihre Eltern noch immer über das Sommerfest diskutierten, fiel ihre Schweigsamkeit heute nicht weiter auf. Sie waren wohl alle begierig, ihren Gedanken nachzuhängen, um ihren Alltag schöner zu gestalten. Alle wünschten sich nach dem Frühstück noch einen schönen Tag und sagten Ade bis zum Mittagessen. Da noch Wochenende war, hüpfte Karalie zurück in ihr Zimmer und erzählte Paul sehr ausführlich, was sie alles gesehen und gehört hatte.

Das war der Tag, an dem Karalie und Paul ihren Plan entwickelten. Vielleicht hatten sie einen besonders mutigen Tag, vielleicht hatte sie auch der Hafer gestochen. Aber sie wussten. Es musste anders werden. Die Spiegel durften den Menschen nicht länger einreden, dass sie nicht schön genug seien. Die Spiegel sollten nicht dafür sorgen, dass sich die Menschen hässlich fühlten. So geschah es, dass Karalie und Paul in der

Vorbereitung des Sommerfestes ihren gemeinsamen Plan langsam entwickelten und in die Tat umsetzten.

Karalie erzählte ihren Eltern nichts von ihrem Plan. Sie wären vielleicht nicht einverstanden gewesen. Aber sie bat sie um einen Gefallen. Eines Morgens stürmte Karalie in das Frühstückszimmer, schon ganz frisch und neugierig auf den Tag. „Mama! Papa!", rief sie, „bitte, bitte erlaubt mir einen Wunsch!" König Zarabar und Königin Mara guckten erstaunt von ihrem Frühstücksei hoch. Sie waren beide noch ein bisschen schlafumfangen, duselig und letztlich überrumpelt. „Hm", machte König Zarabar. „Sag, was möchtest du gerne?", fragte Königin Mara. „Mama, ich habe mir mit Paul zusammen überlegt, dass wir zum Sommerfest gerne den großen Ballsaal zu einem noch schöneren, wirklich beeindruckenden, lichterblitzenden Ballsaal umdekorieren wollen. Dazu wollen wir alle Spiegel herzlich einladen und sie für diesen Tag umhängen. Dann sind auch wirklich alle Schlossbewohner am Fest beteiligt! Und jedes Kerzenlicht wird hundertfach

gespiegelt!" Karalies
Eltern waren wohl
noch zu müde, um
die Tragweite ihrer
Entscheidung abzu-
schätzen. Beide
nickten einfach zu
Karalies Vorschlag
und freuten sich,
dass ihre Tochter
mit Ideen zum
Sommerfest beitra-

gen wollte. Karalie bat sie noch, vorerst
Stillschweigen zu bewahren. Dazu willigten
sie ebenso ein. Ob Onkel Edwin sich wohl
auch so gefreut hätte wie Karalie und Paul,
wenn er von dieser Entscheidung gewusst
hätte?

Der Tag des Sommerfestes rückte näher.
Karalie, Paul und Bella, die sie in die
Planungen miteinbezogen hatten, saßen
täglich beisammen. Sie waren aufgeregt
und froh, etwas gemeinsam zu
unternehmen und das Problem mit den
Spiegeln angehen zu können. Paul ließ
auch bei den sonntäglichen Spiegel-

Kaffeetrinken nichts durchsickern. Er wusste, dass der Ärger sonst vorprogrammiert war. Erst am Vorabend des Festes, als das Schloss schon im Kerzenlicht, mit frisch gewienerten Böden und Fenstern, frisch gewaschenen Gardinen und Blumengestecken überall erstrahlte, wurde zur Schlafenszeit aller der Wunsch der Königsfamilie verkündet, am morgigen Tag zur Ehre aller eine 24-stündige Veränderung der Raumordnung vorzunehmen. Da die Ankündigung zur Schlafenszeit kam, alle schon rechtschaffen müde waren und der Wunsch mit vielen formalen Wörtern gespickt war, schliefen die meisten Spiegel ein, bevor sie richtig verstanden hatten, was am nächsten Tag passieren sollte. Der Tag war eh anstrengend genug gewesen. Jeder Spiegel war hübsch heraus geputzt worden, glänzte wie neu und hatte eine frische Rose an den Rahmen bekommen. Alle waren sehr aufgeregt gewesen und entsprechend müde. Nur Oma Eulalie, eigentlich der einzige Ballsaalspiegel, murmelte schlaftrunken: „Was für eine wunderbare, entzückende Idee."

Karalie und Paul

9. Das Sommerfest beginnt

Als am nächsten Morgen, in aller Herr-
gottsfrühe die Spiegel in den fast
fußballgroßen Ballsaal umgehängt wurden,
zeigte sich erst langsam Widerstand. „Oh,
noch so früh!" „Warum denn schon
jetzt?!" Letztlich aber fanden es die Spiegel
auch toll, wie an einem Sonntagnachmittag
leibhaftig zueinander zu können. Schon
während des Aufhängens zeigten sie sich
einander von ihren besten Seiten und
plauderten über die Vor- und Nachteile ihrer
Rahmen. Karalie war vor Aufregung schon
früh wach geworden und mit Paul noch
ungewaschen in den Ballsaal geskatet.
Beide schauten sich mit glühend roten
Wangen an und giggelten: „Die anderen
Spiegel riechen den Braten noch nicht! Was
wird nur passieren! Hoffentlich geht alles
gut!"

Als alle Spiegel im Ballsaal versammelt
waren, kam ein Funkeln und Glitzern auf,
weil sich jeder Sonnenstrahl des Morgens
in allen Spiegeln wieder und wieder
spiegelte. Es sah wunderschön aus, und alle

Beteiligten waren begeistert. Die Spiegel fingen an, miteinander Neuigkeiten auszutauschen. Die Stimmung war einfach gut. Auch Karalies Eltern, König Zarabar und Königin Mara freuten sich über das schöne Ergebnis und lobten ihre Tochter und Paul für diesen Vorschlag. Heimlich guckten sich Karalie und Paul an. Ob sie heute Abend, wenn das Tanzvergnügen begonnen hatte, immer noch so denken würden … ? Bis alle Gäste kamen, verdrückten sich die zwei zu Bella in den Stall.

Der Tag verging wie im Flug. Um Schlag 12:00 Uhr kamen alle Kutschen, Karossen und Automobile in den Schlosshof gefahren. Könige und Königinnen, Prinzen und Prinzessinnen, Handwerker und Handwerkerinnen, Bauern und Bäuerinnen folgten der Einladung des Königs Zarabar und der Königin Mara. Sie stolzierten zur Schlosstreppe, wo ein Schild „Zum Schlossgarten und zum Sommerfest" stand. Im lang ausgestreckten Garten mit weiten Rasenflächen und hohen alten Bäumen, einem Heckenlabyrinth, einem Rosengarten mit vielen Pavillons und einem kleinen Teich waren überall die einladensten Plätze gestaltet: eine Hollywoodschaukel im Schatten einer großen Eiche, Baldachine,

Sommerfest im Schlossgarten

die zwischen den Buchen aufgespannt waren, große flauschige Decken und Kissen, die auf dem Rasen und unter Sonnenschirmen ausgebreitet waren. Es sah wirklich nach einem schönen Gartenfest aus, das König Zarabar und Königin Mara per Lautsprecher und danach mit persönlicher Begrüßung eröffneten. Mittendrin war ein riesiges Büffet hergerichtet, an dem sich alle laben konnten. Suppen, verschiedene Brotsorten, Kuchen, Salate und sogar ein Grill, an dem nach Wunsch die leckersten Sachen zubereitet wurden. Ballspiele, Garten-schach, chinesische Stoffdrachen und Luftballons ließen den Nachmittag so schnell vergehen, dass sogar Karalie und Paul kurzzeitig ihre Aufregung um den bevorstehenden Abend im Ballsaal vergaßen. Paul freute sich, dass er, zusammen mit Bella, Karalie am Nachmittag begleiten durfte. Zu dritt hatten sie am meisten Spaß. Auch war es schön, mit Karalies Cousinen und Cousins mal wieder zusammen zu treffen und über das vergangene Jahr zu reden. Da viele von Karalies Verwandten sehr weit weg wohnten, war das Sommerfest meist die einzige Gelegenheit, sich zu sehen.

Langsam dämmerte es. Die Sonne zog ihre letzten Bahnen am Horizont und verabschiedete sich mit einem feurig goldglänzenden Untergang. König Zarabar und Königin Mara klatschten in die Hände und gaben das Zeichen zum Aufbruch. Der

Tanzabend im Ballsaal sollte eröffnet werden. Fackeln säumten den Weg zum Schloss, in dem die Spiegel schon ungeduldig auf ihr Publikum warteten. Karalie und Paul klopfte das Herz zum Hals. Da Bella nicht mit in den Ballsaal durfte, verabschiedeten sie sich zärtlich von ihr. Auf Bella wartete schon das Abendbrot von süß duftendem Heu. Bella schnaubte noch einmal beruhigend zu Karalie und Paul, es würde schon gut werden! Oder?

Karalie und Paul

10. Im Ballsaal

Onkel Edwin war stinkig. Ihm und Cousine Else hatte das Umhängen von Anfang an nicht behagt. Sicher, es war schön, mal alle zusammen zu sehen und sich über alte Geschichten auszutauschen. Aber irgendwann war es genug. Das ganze Gebrabbel den ganzen Nachmittag! Er wollte seine Ruhe haben. Und jetzt kamen auch noch die ganzen Menschen, da war er von seiner Ruhe noch weit entfernt. Auch Cousine Else hatte langsam genug. Im Westflügelpianozimmer, wo sie sonst hing, konnte sie den Ton angeben. Hier unter all den anderen Spiegeln merkte sie, wie ihre Macht viel kleiner war. Das passte ihr gar nicht und machte ihr schlechte Laune.

Von Ferne hörten plötzlich alle Spiegel, wie sich die Tore und Türen des Schlosses für die Besucher öffneten. Sie hörten gebannt die vielen Fußtritte, das leise Trippeln, stärkeres Trampeln und den anschwellenden Geräuschpegel vieler aufgeregter Stimmen. Und - schwups - wurden die großen Flügeltüren des Ballsaales geöffnet. Zuerst schritten König Zarabar und Königin Mara hinein, gefolgt von Karalie, Paul, einigen ihrer Cousinen und nach und nach allen Gästen. Am anderen Ende des Raumes öffnete sich eine weitere Flügeltür und das kleine Orchester kam musizierend hinein

Tanz im Ballsaal

spaziert. Eine kurze Pause, dann eröffnete König Zarabar mit Königin Mara mit einem Tanz den Ball. Alle waren begeistert, klatschten in die Hände und folgten auf die Tanzfläche. Auch Karalie und Paul drehten sich gemeinsam und tanzten ein paar Runden, wodurch sie langsam mit der neuen Situation vertraut wurden. Sie winkten und blinzelten den anderen Spiegeln zu, die noch ganz erstaunt den Mund hielten. So ging es eine ganze Zeit, bis das Orchester die erste Pause machte. Jetzt wurden sprudelnde Getränke und Salzbrezeln gereicht, und die Leute flanierten plaudernd und in die Spiegel schauend durch den Saal. Vielleicht hätten sie das nicht tun sollen! Oder doch?

Es fing damit an, dass Oma Eulalie einem jeden und einer jeden Guten Tag entgegenflötete und ihnen sagte, wie wunderbar und entzückend sie ausschauten. Onkel Edwin war da ganz anderer Meinung, schon allein weil er schlechter Laune war. Und seine Meinung tat er auch kund. „Was für ein scheußlicher Hut auf einem noch komischeren Kopf! Seit wann tragen Melonen denn Hühnerfedern?!", frotzelte er bei einer kräftigen Dame mit einem Feder-bestückten Hut. Hier schaltete sich Oma Eulalie wieder ein: „Wie kann er nur solche

Unhöflichkeiten von sich geben. Damen müssen Hüte tragen, und zwar insbesondere kräftige Damen, und in jedem Fall mit Federn!" Dann tönte es aus einer anderen Ecke von einem anderen Spiegel: „Einfach lachhaft diese Aufmachung. Hüte sind doch aus der Mode gekommen. Und Fettleibigkeit ebenfalls!" Ein anderer Spiegel beteiligte sich sogleich an der Diskussion: „Von wegen! Frauen müssen Fettpolster haben und dicke Busen! Die Dame sei sehr wohl sehr dick und schick!" Die gemeinte, inzwischen verunsicherte Dame starrte nun wie gebannt von Spiegel zu Spiegel. Sie war sichtlich schockiert. König Zarabar hatte zunächst vom ganzen Streit nichts mitbekommen, doch jetzt ganz Ohr, versuchte er die Spiegel zum Schweigen zu bringen. Vergebens. Langsam hatten die Spiegel Gefallen gefunden an dieser hitzigen Debatte und tönten von allen Ecken und Enden. Der Streit eskalierte, und Meinungen zu Schönheit wurden hin und her geworfen.

Cousine Else erzürnte sich besonders und war ganz in ihrem Element. „Was erzählt ihr nur für einen Quatsch?! Fragt meinen Freund Paul Rubens! Nur dicke Frauen und Männer sind schön. Der Rest sieht aus wie Gespenster!" Sie erhielt viel Beifall von einigen Spiegeln. Andere brüllten ihr entgegen, was sie nur für einen Mist erzähle, immer müsse sie sich aufspielen. Schön sei, wer dünn sei, dessen Knochen hervor träten, wer Locken habe und dünne Beine! Kleider seien aus der Mode! Hosen müsse man tragen! Anderenorts tönte es: „Niemals! Nur kurze Röcke und Kniebundhosen sind der Hit. Und Bärte muss man haben! Bärte!" Wiederum an anderer Stelle wurden plötzlich die wie erstarrt stehen gebliebenen Ball-besucher beschimpft oder bejubelt: „Bohnenstange!" - „Oh, sind sie schön dünn!" - „Dickerchen" oder „Endlich jemand mit Figur!" Auch „Krummnase" oder „eine edle Charakternase" ertönte. Noch woanders tönte es „Rothaarige Hexe" oder „Wie Feuer und Seide leuchtet dein Haar!" Woanders: „ Würdevolles weißes Gesichtshaar, das Du trägst!" oder „Gartenzwergbart!"

Onkel Edwin und Cousine Else bekamen Spaß an ihren Bosheiten. Gegenseitig versuchten sie, sich zu übertrumpfen. Andere Spiegel waren sichtlich schockiert von dem, was geschah. Sie versuchten, ruhig oder laut zu besänftigen oder eine andere Meinung kund zu tun. Ojemine, wo führte das nur hin? Auch Karalie und Paul waren entsetzt. So schlimm hatten sie es nicht befürchtet. Bis hierher hatten sie es sich noch genau so vorgestellt und geplant. Sie hatten gedacht, dass die Menschen den Spiegeln einmal die Meinung sagen würden, wenn sie nur genug von den Spiegeln hörten. Aber so war es nicht!!! Jetzt waren auch sie erschrocken und sprachlos wie alle anderen. Was war nur die Lösung?

11. Die Wandlung

Für einen Moment hielt Karalie plötzlich inne und schaute Paul an. Sie sah in Paul hinein, und er sah wiederum sie an. In diesem Moment erkannte Karalie die Wahrheit. Sie war in Ordnung. Alle anderen waren in Ordnung. Wer nicht in Ordnung war, waren die Spiegel. Die hielten sich für die Größten, für Modezaren, für allwissend und Ton angebend. Aber das stimmte alles nicht, das war lachhaft und dumm. Es gab nur eine Waffe dagegen. Lachen. Langsam begannen sie und Paul das Verrückte, das Seltsame, das Absurde der Situation zu erkennen. Und beide mussten lachen. Erst ein Giggeln, dann Kichern, dann lachten sie. Laut und vernehmlich. Andere Ballbesucher drehten sich zu ihnen um. Sie schienen verwirrt, manche wütend und erschrocken. Aber wie sie die beiden lachen sahen, ließen sie sich langsam anstecken. Die Situation war doch zu verrückt und komisch. Die Spiegel stritten sich wie verrückt, alles nur um ihre Ideen von Schönheit zu verbreiten. Das war doch wirklich zum Lachen. Das Lachen von

Karalie und Paul war ansteckend. Die Ballbesucher begannen langsam und dann anhaltend zu kichern und zu lachen. Diese doofen Spiegel! Was die sich einbildeten und stritten. Es war einfach zu komisch anzuhören und anzuschauen!

Der Saal erbebte langsam vom Lachen der Ballbesucher. König Zarabar und Königin Mara waren zutiefst erleichtert. Oh, oh, das hätte ein schlimmes Ende nehmen können. Sie winkten dem Orchester zu, durch die vordere Ballsaaltür in den Garten zu wandern und mit feuriger Tanzmusik alle hinter sich her zu locken. So geschah es. Die Ballbesucher wanderten lachend und tanzend hinter dem Orchester her und setzten das Tanzvergnügen in lauer Nachtluft im großen Garten fort. Die Nacht war warm und Fackelschein erhellte die Dunkelheit. Einige Nachzügler sagten den Spiegeln noch ihre Meinung, aber letztlich landeten alle friedlich zum Tanzvergnügen im Garten.

König Zarabar entschuldigte sich noch einmal persönlich bei der kräftigen Dame mit dem Federhut. Aber sie winkte nur ab: „Eure Königliche Hoheit, Ihr müsst Euch nicht entschuldigen! Ich habe eine Lektion erteilt bekommen, die mir wichtiger war als vieles zuvor. Ich habe gelernt, dass Spiegel auch nur ihre Meinung von sich geben. Sie sagen gar nicht die Wahrheit! Ich bin sehr dankbar für diesen Moment! Ich hätte viel früher in meinem Leben davon erfahren müssen! Dann hätte ich nicht ständig Diät gemacht, und mir wäre viel Leid erspart gewesen! Wissen Sie was, Herr König, ich bin richtig froh. Lassen Sie uns doch darauf anstoßen und ein Tänzchen wagen!" König Zarabar und Königin Mara waren glücklich, und selbstverständlich drehte er eine wunderbare Runde mit der kräftigen Dame! Die Tanzgesellschaft reagierte insgesamt sehr ausgelassen auf diese Streitereien und rief sich beim Tanzen immer wieder zu, wie schön es sei, endlich die Wahrheit über die Spiegel zu kennen! Endlich dürfe jede Frau und jeder Mann sich so, wie er und sie seien, schön und zufrieden fühlen! Ach, sei das Leben schön! Karalie und Paul waren auch zutiefst erleichtert. Ihr Plan war aufgegangen. Aber was war jetzt mit den

Spiegeln?

Die Spiegel hatten fast gar nicht bemerkt - vor lauter hitzigem Streit - dass die Ballbesucher von dannen gezogen waren. Sie waren müde und erschöpft vom Brüllen und Reden und Diskutieren. Einer nach dem anderen schlief einfach ein. Ihr müsst wissen, Spiegel sagen gerne ihre Meinung! Aber nachtragend sind sie ganz und gar nicht. Sie würden sich trotz Streit am nächsten Tag gut verstehen. Vielleicht würden sie beim nächsten sonntäglichen Kaffeetrinken darüber reden, was für ein aufregender Abend es gewesen sei und wo plötzlich wohl die Gäste hin waren. Aber wahrscheinlich sei ihnen nur warm geworden. Spiegel wussten einfach, dass sie unterschiedliche Meinungen hatten. Das regte sie höchsten kurzfristig auf. Aber nachtragend und lange böse? Niemals! Dazu war das Leben doch zu schön und aufregend!

12. Erkenntnisse

Und was hatten die Menschen gelernt? Die kräftige Dame mit Federhut hatte ihr Resümee bereits gezogen:

1) Trau keinem Spiegel!
2) Der Spiegel gibt nur eine Meinung von sich, keine Wahrheit!
3) Du bist in Ordnung!
4) Lasse Dich nicht wegen der Spiegel verunsichern und von deinen Wünschen und Zielen abbringen.
5) Und halte dir immer vor Augen, dass das ganze Gerede über Schönheit nur Meinungen widerspiegelt! Jeder ist schön. Du wirst es erkennen!

Karalie und Paul tanzten in dieser Nacht noch lange mit den anderen Gästen und freuten sich über ihre neuen Erkenntnisse. Wer hätte gedacht, dass alles noch so gut enden würde. Bevor sie müde ins Bett fielen, liefen sie noch schnell in den Ballsaal zu den anderen Spiegeln. Sie wünschten ihnen eine gute Nacht und sagten Danke für die hitzige Diskussion über die

Schönheit. Ohne die Spiegel wäre all das nicht passiert. Karalie und Paul wünschten sich ebenso eine gute Nacht und drückten sich ganz fest. Heute Abend hatten sie etwas ganz Besonderes erlebt, dass sie ihrer Freundschaft zu verdanken hatten. Heute Nacht wollten sie im Stall bei Bella schlafen, um ihr morgen früh alles haarklein zu erzählen. Darauf freuten sie sich schon. „Schlaf gut, gute Nacht" wünschten sie sich und Euch!

Ende.

Was würde Paul wohl Schönes über Dich
sagen?

Karalie und Paul

13. Training

Wie wäre es mit einem Training? Hast du Interesse zu lernen, wie man mit Spiegeln spricht?

Es gibt einen richtig tollen Forscher, sein Name ist Donald Meichenbaum. Er ist klinischer Psychologe und war Professor an der Waterloo Universität in Kanada. Er hat viel über Selbstgespräche geforscht und empfiehlt Menschen zu üben, auf negative Worte und Gedanken zu antworten.

Vielleicht hast du Interesse an einem Training, um zu lernen, wie man mit den Spiegeln spricht und ihnen antwortet? Es gibt viel zu gewinnen!

Erste **Runde**

Beginnen wir zunächst mit Großmutter Eulalie. Erinnerst du dich? Sie liebte Karalie und jeden, der oder dem sie begegnete. Sie findet alle so nett und hübsch. Sie ist ein wirklich entzückender und liebenswerter Spiegel.

Was denkst du, würde sie also z. B. zu deiner besten Freundin sagen? Und was würde sie über deinen Lieblingslehrer sagen? Und was denkst du, würde sie über dich sagen?

Einige Beispiele von
Großmutter Eulalie:

Sie ist so ein schönes Mädchen/ Junge/
Dame/ Person!
Was für schöne Schuhe/ Hosen/ Haare!
So glamourös in Aussehen und Stil! ...

Was sonst?! Jetzt bist du an
der Reihe!

Zweite Runde

Fangen wir jetzt mit Paul an. Erinnerst du dich? Er ist Karalie ein lieber Freund und sieht die ganze Persönlichkeit eines Menschen, sowohl von innen, als auch von außen, in einer loyalen und freundlichen Art und Weise. Er mag keine Perfektion, sondern interessiert sich für die wahre Persönlichkeit und Individualität des Menschen.

Was denkst du, würde er also z. B. zu deinem besten Freund sagen? Und was würde er über deinen Lieblingslehrer sagen? Und was denkst du, würde er über dich sagen?

Einige Beispiele von Paul:

Was für eine freundliche Person / toller
Freund / hilfsbereite Person!
So ein warmherziger Charakter / so
treu / wirklich unterstützend / fair /
echt / ehrlich!
Wunderbares Aussehen/ so sportlich!
Ich mag seine - ihre Individualität.
Sie/ er weiß, was echte Freundschaft
ausmacht! ...

Was sonst?! Jetzt bist du an
der Reihe!

Dritte und letzte Runde

Jetzt hast du dich schon auf den letzten und schwierigsten Teil vorbereitet. Das Antworten!!!

In dieser letzten Runde trainieren wir, um auf die bissigen Bemerkungen von Onkel Edwin und Cousine Else zu antworten. Erinnerst du dich? Onkel Edwin ist ein Spiegel in der Reithalle, und er sagt gerne etwas Schlechtes über jeden. Cousine Else ist ein Ballsaal-Spiegel, der ein bisschen hochnäsig ist und der Meinung ist, dass jeder genau so aussehen muss, wie ihr lieber Freund, der Maler Paul Rubens, Menschen gemalt hat.

Was glaubst du, würde er oder sie z. B. zu deiner besten Freundin sagen? Und was würde er oder sie über deinen Lieblingslehrer sagen? Und was denkst du, würde er oder sie über dich sagen? Stell es dir einfach nur vor …

... Jetzt ist es schwer, mit hilfreichen Worten oder Gedanken über deine Freunde und dich selbst zu antworten!!! Aber du hast gerade ein Training hinter dir!

Zeig es ihnen!

Hier einige Antworten als Beispiele:

So ein Käse! / Das ist Mist!/ Auf keinen
Fall!/
Sie ist toll!/ Er ist prima!/ Ich bin okay!
Jeder ist anders! Das ist toll!
Ich mag meine Freundin/ meinen Lehrer
so, wie sie/ er ist!/ Ich mag mich, so wie
ich bin! / Perfektion ist langweilig!
Sie/ er ist schön!/ Jeder ist schön auf
seine Art!
Du hast vergessen, die großartige
Persönlichkeit zu erwähnen, die sie hat!
Ich mag seine Kleidung! ...

Was sonst?! Jetzt bist du an der Reihe!

Herzlichen Glückwunsch!

Du hast dein Training begonnen. Das ist großartig. Es ist wie ein Training für die Olympischen Spiele. Ein Teil davon zu sein, ist schon wie ein Gewinn. Bleib dran und trainiere regelmäßig weiter. Trainiere, indem du mit Pauls Sichtweise oder mit Großmutter Eulalies freundlichen Worten antwortest. Du wirst jeden Tag besser darin. Karalie und Paul werden sehr stolz auf dich sein. Und du wirst anfangen, mehr Vertrauen in dich selbst zu haben!

Hast Du Lust auf ein weiteres Beispiel?

Der beste Kumpel einer Freundin, namens Tigerle, ein wunderbarer Hund, hat versucht, diese sehr wichtige Frage zu beantworten!
> Was würde Paul wohl Schönes über dich sagen?
Hier ist, was dieser Hund gesagt hat:

Ich bin hübsch!
Ich habe geniale Einfälle!
Ich habe starke Lungen und Zähne!
Ich bin ein fantastischer Fußballer!
Ich bin ein super Kuscheltiger, gerade am
Morgen!
Ich bin ehrlich!
Ich halte zu meinen Freunden!
Ich bin der beste Tiger in der großen
weiten Welt!

Karalie und Paul

Über die Autorin:

Dr. Susanne Annies ist Psychologische Psychotherapeutin und schreibt in ihrer Freizeit Geschichten und Gedichte. Sie lebt mit Ihrem Ehemann und zwei Katzen in einem kleinen Bauernhaus auf dem Land.

Karalie und Paul